L'EMPEREUR

NAPOLÉON III

A GRENOBLE

ET

DANS LE DÉPARTEMENT DE L'ISÈRE

LES 5, 6 ET 7 SEPTEMBRE 1860.

Grenoble. — Imp. Éd. Allier.

L'EMPEREUR

NAPOLÉON III

A GRENOBLE

ET

DANS LE DÉPARTEMENT DE L'ISÈRE

Les 5, 6 et 7 septembre 1860

PAR

M. Victor ADVIELLE,

SECRÉTAIRE DE LA SOUS-PRÉFECTURE DE SAINT-MARCELLIN, MEMBRE DE PLUSIEURS SOCIÉTÉS SAVANTES.

GRENOBLE

Alph. MERLE & Cⁱᵉ, Libraires,

RUE LAFAYETTE, 14.

1860

L'EMPEREUR

NAPOLÉON III

A GRENOBLE

ET

DANS LE DÉPARTEMENT DE L'ISÈRE

Les 5, 6 et 7 septembre 1860.

I.

Ce fut avec les marques de la plus vive reconnaissance que les habitants du Dauphiné accueillirent la
nouvelle que l'héritier du plus grand nom des temps
modernes devait venir les visiter avec son auguste
épouse. A la surprise du moment succéda bientôt un
enthousiasme sans égal, et de toutes parts on se mit
à l'œuvre pour fêter dignement la venue des bien-
aimés souverains. C'est qu'outre leur dévouement
sincère pour l'Élu du 10 décembre, les populations
de l'Est de la France se rappelaient avec orgueil que
ce fut du milieu de leurs montagnes, et guidée par
les armes de leurs pères, que l'aigle victorieuse reprit
son vol pour les Tuileries, après le retour en France
de l'Empereur Napoléon 1er. Là, en effet, dans ces

plaines à jamais immortelles de Laffrey, se déroula l'épisode le plus saisissant peut-être de toute l'épopée impériale.

On était au mois de mars 1815; Napoléon, contre toute attente, venait de débarquer près d'Antibes, avec une poignée de soldats. Il marche, et bientôt il a traversé les Alpes; les populations fatiguées de supporter le joug de l'étranger, se lèvent en masse, vont à sa rencontre, et les cris de Vive l'Empereur retentissent de nouveau dans ces parages restés toujours fidèles au culte du grand homme. Le prisonnier de l'île d'Elbe a reconquis sa popularité; le prestige qui jadis entourait son nom apparaît plus brillant encore; le sentiment national s'est réveillé à sa voix. Mais une difficulté se prépare : des soldats sont envoyés pour combattre Napoléon; il les rencontre à Laffrey, village situé à quelques kilomètres de Grenoble, et du haut de la rampe qui domine le pays, il peut apercevoir les troupes royales qui en interceptent le passage. A la vue du danger, l'âme du héros s'est retrempée. Napoléon craint une collision : il ordonne toutefois à ses grenadiers de marcher en avant, l'arme sous le bras gauche, la baïonnette au bout du canon, et lui-même met pied à terre. En quelques minutes, par un mouvement stratégique, Napoléon se trouve à peu de distance de l'ennemi. Jamais, dit l'un des historiens de cette journée, Napoléon ne s'était montré plus grand, plus maître de lui et des circonstances que dans ce moment suprême, où, dédaignant le rôle d'un partisan obscur, il se présentait à ses anciens soldats armés contre lui pour les subjuguer par la seule force de son ascendant. — Dans le lointain et sur les hauteurs, les paysans agitaient l'air de leurs chapeaux, et les cris de Vive l'Empereur répétés par tous les échos, donnaient encore à cet incident un cachet d'immortelle grandeur que rien ne saurait égaler. Napoléon n'était plus qu'à quelques mètres des troupes royales lorsqu'un officier commanda le feu. Les soldats baissent leurs armes, puis les relèvent ; l'Empereur profite alors de cette hésitation, et s'avançant vers eux, seul, la redingote ouverte : « Soldats, leur crie-t-il d'une voix puissante, je suis « votre Empereur, ne me reconnaissez-vous pas ? S'il « en est un parmi vous qui veuille tuer son général, « me voilà ! » Aussitôt, et bien qu'un second commandement : feu, ait été répété, les soldats du 5me jettent leurs fusils, se précipitent en larmes aux pieds de l'Empereur, lui jurent foi et fidélité. L'enthousiasme en un instant parvient à son plus haut point d'excitation et les cris de Vive l'Empereur redoublent de tous côtés. Napoléon fit ensuite placer en bataille les soldats du 5me et leur adressa ces paroles mémorables.

SOLDATS !

« Je viens avec une poignée de braves, parce que je compte sur le peuple et sur vous. Le trône des Bourbons est illégitime parce qu'il n'a pas été élevé par la nation ; il est contraire à la volonté nationale, puisqu'il est contraire aux intérêts de notre pays, et qu'il n'existe que dans l'intérêt de quelques familles. Vos pères sont menacés du retour des dîmes, des priviléges, des droits féodaux et de tous les abus dont nos succès les avaient délivrés... N'est-il pas vrai, citoyens? » ajouta l'Empereur en s'adressant à une foule immense qui, descendue des montagnes, faisait, ainsi que les soldats, retentir l'air de leurs plus chaudes acclamations. — Le soir même (7 mars 1815), Grenoble, dont la garnison se préparait à opposer à l'Empereur une vive résistance, ouvrait ses portes au héros que la fortune comblait encore une fois de ses plus prodigues faveurs (1). Quelques jours plus tard, Napoléon redevenu Empereur des Français, rentrait à Paris et dictait de nouvelles lois aux puissances de l'Europe.

Ainsi donc, et il importe de le faire ressortir, c'est par Grenoble et par Laffrey, que l'Empereur Napoléon 1er a pu reconquérir sa belle couronne, et prouver une seconde fois aux ennemis de la France, que si un jour voit périr une armée, un peuple ne meurt jamais.

---

(1) Son entrée eut lieu à huit heures du soir, et a laissé des souvenirs qu'aucune réception officielle n'a pu effacer. PILOT. *Histoire de Grenoble.*

II.

ENTRÉE DE LEURS MAJESTÉS A GRENOBLE.

La journée du 5 septembre a été pour la ville de Grenoble une occasion exceptionnelle de témoigner de son dévouement à la dynastie impériale. Aussi, dès le matin, l'animation y était devenue si grande que, dans plusieurs quartiers, la circulation était rendue presque impossible. Cette animation redoubla lorsque les populations descendues des montagnes ou sorties des vallées, arrivèrent en masse, accompagnées de leurs administrateurs, de leurs compagnies de sapeurs-pompiers, de leurs vétérans des vieilles phalanges impériales, etc., et débouchèrent presque simultanément de toutes parts. Alors ce n'était plus l'image d'une ville animée que présentait Grenoble, c'était celle d'une grande capitale aux heures du travail et des plaisirs. Toutes les habitations avaient été pavoisées, décorées de guirlandes de feuillages, de verdure, et au-dessus de la ville, comme le pistil d'une fleur, se détachait la belle flèche du clocher de l'église Saint-André, enrubannée aux trois couleurs jusqu'à sa base. Partout enfin, sur les quais, sur les promenades publiques, dans les carrefours, au faîte des maisons, les emblèmes, les devises, les monogrammes, les transparents, les girandoles y paraissaient nombreux et étincelants comme aux jours des plus grandes solennités publiques.

A deux heures de l'après-midi, M. le Maire de Grenoble, accompagné du Conseil municipal de la ville et des notabilités, suivi des compagnies de sapeurs-pompiers de Grenoble, de Vizille, de Voiron, etc., à la tenue si belle, et des députations d'une foule de communes et de sociétés, se rendit, par la rue et la porte Saint-Laurent, au-devant de Leurs Majestés jusqu'à la limite du territoire de la ville, où avait été élevé un magnifique arc de triomphe, que surmontait un aigle colossal à l'immense envergure. Là, se trouvaient réunis, outre une foule immense et des détachements de plusieurs régiments, M. de Barral, sénateur; MM. Arnaud, Faugier, de Mépieu et Devoize, députés de l'Isère; M. Royer, premier président; M. Bonafous, procureur général; M. le Recteur de l'Académie, MM. les Sous-Préfets, M. l'Ingénieur en chef; M. le Président du tribunal, M. le Procureur Impérial et une foule d'autres dignitaires du département. Le canon du fort Rabot se fit bientôt entendre, et le cortége impérial apparut.

La voiture de LL. MM. était précédée d'une avantgarde composée de gendarmes, de lanciers, d'artilleurs, de cent-gardes et des piqueurs de la maison impériale. A la vue de LL. MM., la foule, que jusque-là on avait eu peine à contenir, brisa les digues qu'on lui opposait et s'élança de tous côtés aux cris mille fois répétés de Vive l'Empereur, vive l'Impératrice. — M. Gaillard, maire de Grenoble, s'avança en ce moment vers Leurs Majestés, et après avoir présenté les clefs de la ville, que portaient deux mandeurs sur des coussins de velours, il prononça le discours suivant :

« Sire,

« C'est avec un sentiment mêlé d'admiration, de bonheur et de reconnaissance, que les habitants de votre bonne ville de Grenoble accourent au devant de Votre Majesté.

« Leur dévouement au nom immortel que vous portez, était l'une de leurs traditions les plus chères avant que les grandes choses de votre règne lui eussent donné une consécration nouvelle.

« Que de faits éclatants accomplis aujourd'hui !

« Notre pays élevé au rang qui lui appartient parmi les nations, l'autorité publique s'affermissant par la sagesse et la loyauté de son exercice, la promptitude dans l'action, la modération dans la force, la pensée de la paix triomphant des enivrements de la victoire, nos cités transformées comme par enchantement, les sciences, les arts, le commerce, l'agriculture fécondés à l'envi par une impulsion non moins active qu'éclairée, les classes laborieuses entourées d'une incessante sollicitude, enfin nos intérêts religieux placés sous la double protection des respects et de l'épée de la France : voilà, Sire, ce que nous vous devons ; voilà l'ère de prospérité que vos glorieuses mains ont ouverte à cette France qui vous a confié son avenir!

« La patriotique population au nom de laquelle nous déposons aux pieds de Votre Majesté les clefs de notre ville, s'est fait une large part dans la dette de tous. Que ses acclamations, devançant le jugement de l'histoire, vous garantissent, Sire, les succès de vos efforts et en soient à la fois le gage et la récompense!

« MADAME,

« La ville de Grenoble est heureuse et fière de recevoir dans ses murs la gracieuse et noble souveraine qui adoucit à notre Empereur le poids de sa mission providentielle, la protectrice des infortunés, la mère du jeune Prince, aujourd'hui l'espoir, et plus tard l'orgueil de la patrie.

« SIRE,

« MADAME,

« Nous réunissons dans un même vœu les trois augustes destinées que nous confondons dans un même amour.

« Puisse Dieu les couvrir d'une protection commune !

« *Vive l'Empereur !*
« *Vive l'Impératrice!*
« *Vive le Prince Impérial !* »

L'Empereur fut touché de l'accueil sympathique

qu'il recevait dans l'ancienne capitale des fiers Allo-
broges. Il remercia M. le Maire de Grenoble des paroles qu'il venait de lui exprimer, ajoutant que les
sentiments patriotiques, traditionnels et dévoués des
Grenoblois pour sa dynastie lui étaient connus.

Le cortége impérial se mit ensuite en marche dans
l'ordre suivant :

Détachement de cent-gardes ;

Piqueurs à cheval, en grande tenue, précédant les
voitures du cortége, conduites à la Daumont par des
jokeys en livrée vert et or.

Voiture impériale, dans laquelle sont : S. M.
L'EMPEREUR et S. M. L'IMPÉRATRICE, M. LE MA-
RÉCHAL COMTE DE CASTELLANE, M. LE GÉNÉRAL D'AR-
TILLERIE LEBŒUF. — A chacune des portières de la
voiture impériale, M. le général Bourbaki et M. le
comte de Castelbajac, écuyer de l'Empereur, tous
deux à cheval.

Seconde voiture : Mme de Sancy et Mme la comtesse de Reyneval, dames d'honneur de l'Impératrice, M. le général de division Frossard et M. le
général Fleury, premier écuyer et aide de camp de
l'Empereur.

Troisième voiture : Mme la comtesse de la Poëze,
dame d'honneur de l'Impératrice, M. le vicomte de
La Ferrière, chambellan de l'Empereur; M. le docteur Conneau, premier médecin de l'Empereur;
M. le baron de Kleinemberg, officier d'ordonnance
de l'Empereur.

Quatrième voiture : M. le marquis de Lagrange, écuyer de l'Impératrice; M. le marquis de Galifet, officier d'ordonnance de l'Empereur.

Second détachement de cent-gardes.

Piquet de gendarmes à cheval.

Piquet de lanciers.

Escadron d'artillerie.

Depuis la porte Saint-Laurent jusqu'à l'église Notre-Dame et la Préfecture, au travers des quartiers ouvriers de Grenoble, ce ne fut pour Leurs Majestés qu'une longue et perpétuelle suite d'ovations. Un seul cri enthousiaste partait de toutes les bouches pour acclamer, avec son auguste épouse, le représentant si populaire des saintes causes, des idées fécondes du XIXe siècle. Partout, à chaque fenêtre, dans les rues, les hommes agitaient l'air de leurs chapeaux, les femmes de leurs bouquets et de leurs mouchoirs.

Deux arcs de triomphe avaient été dressés sur la place Saint-Jean, par les soins du directeur et des ouvriers de l'arsenal. D'un symbolisme élevé, d'une admirable construction, ils attiraient les regards de la foule qui ne cessait de les venir comtempler. « Chacun de ces arcs, dit M. Fissont, rédacteur du *Courrier de l'Isère*, est formé à la base de fusils de rempart, soutenant des mortiers. La partie supérieure l'est de canons de siége. Sur le cintre, on lit d'un côté *Vive l'Empereur*, de l'autre *Vive l'Impératrice*, et entre ces deux inscriptions : *Vive le*

Prince Impérial. Tout ce double édifice est entièrement composé avec des pièces et des armes de toute nature, jusque dans leurs derniers détails. Les inscriptions même sont formées avec les plus petites pièces des batteries de fusil, et les étoiles qu'on aperçoit entre les canons ont été également disposées à l'aide des mêmes moyens avec un goût parfait. Un aigle immense, tenant la foudre dans ses serres, domine les deux arcs de triomphe. Ses ailes sont faites avec des armes blanches. Les premières plumes figurées par les baïonnettes, les plumes moyennes par des lames de sabres d'infanterie, et les grandes plumes par des lames de sabre de cavalerie. Le corps de l'oiseau impérial est tressé avec des gourmettes, et la tête avec des rosettes de batteries et des pièces diverses; une couronne du même style complète ce chef-d'œuvre d'art. »

Un peu plus loin LL. MM. Impériales répondirent avec autant de bienveillance que de cordialité, aux saluts et aux cris des malades de l'Hospice auxquels on avait permis de jouir de cette fête en disposant pour eux d'une immense estrade à la hauteur du premier étage de l'établissement.

L'église Notre-Dame avait été l'objet des soins particuliers des décorateurs. « La façade de l'antique cathédrale, dit encore le journal de Grenoble, a été disposée d'une manière toute spéciale pour cette mémorable circonstance. La partie supérieure de l'ornementation se compose d'une crête de velours rouge aux franges d'or, enrichie des chiffres couronnés de Leurs Majestés Impériales. Immédiatement au-dessous, se trouve un immense *velum* de couleur verte, parsemé d'abeilles, sur lequel on lit en lettres d'or : *Dieu protège la France, l'Empereur, l'Impératrice et le Prince Impérial!* et dont les plis inférieurs découvrent le portique roman de l'édifice. Les cintres de la voûte sont ornés de roses héraldiques qui figurent dans les armes du Dauphiné, et les pleins au-dessus des voûtes portent, de chaque côté du chiffre de l'évêché de Grenoble, un dauphin enlaçant une croix. Les armes de l'Empire se dessinent en relief, au milieu du cintre et de l'ensemble de toute cette ornementation. »

Lorsque Leurs Majestés approchèrent de la place Notre-Dame, le bourdon de la cathédrale fit entendre sa mâle et solennelle voix, qui semblait répondre aux feux du fort Rabot qui venaient de s'éteindre. L'enthousiasme était alors à son comble. La religion rassemblait dans une même confraternité le monarque et le sujet, et sanctionnait par ses décrets leur indissoluble union.

Monseigneur l'Évêque de Grenoble, accompagné de Monseigneur Depéry, évêque de Gap, de Monseigneur Philibert de Bruillard, ancien évêque de Grenoble, aujourd'hui âgé de 95 ans, des membres de la Chapelle épiscopale, des chanoines titulaires et honoraires de la Cathédrale, des curés de la ville, se rendit au devant de Leurs Majestés, et, après leur

avoir offert l'encens, leur adressa le discours suivant,
d'un admirable style :

SIRE,

« En présentant à Votre Majesté l'hommage sincère
de notre respect et de notre dévouement, sur le seuil
de ce temple où Elle a voulu consacrer son entrée
dans notre ville par un acte solennel de religion,
qu'il me soit permis d'exprimer quelques-unes des
pensées qui nous occupent et qui nous consolent.

« Au milieu des tristesses du moment, en présence
des audaces de l'esprit de révolte et des barbaries
d'un fanatisme toujours plus aveugle, c'est pour
nous une grande consolation de voir que partout où
il y a dans le monde une cause juste et sainte, le
drapeau de la France est levé pour la soutenir ou
pour la venger.

« Vos armées, Sire, servent dans l'extrême Orient
les intérêts sacrés de la civilisation chrétienne ; elles
protègent sur le trône qu'elles ont rétabli la sécurité
si menacée du chef de l'Église ; et, sur une terre
illustrée par les plus grands souvenirs, elles vengent
des outrages sans nom faits à la religion et à l'hu-
manité.

« C'est là, Sire, une des gloires les plus pures de
votre règne ; vous avez senti comme le peuple qui
vous a mis à sa tête, et il est fier de reprendre, sous
votre impulsion puissante, le rôle protecteur qu'il a

si noblement rempli aux belles époques de son histoire.

« Continuez, Sire, avec la hauteur de raison et la fermeté qui vous caractérisent, ces traditions catholiques et nationales. L'épée de la France est dans vos mains ; elle y est glorieusement portée, et quelque obstacle qu'élèvent devant Votre Majesté des susceptibilités jalouses ou des passions révolutionnaires, nous le disons avec confiance : ceux que l'épée de la France venge et protège seront désormais à l'abri de toute crainte, et celui qu'elle garde sera bien gardé.

« MADAME,

« Jouissez aussi, jouissez longtemps de cette puissance et de cette gloire ; non que je borne les vues de Votre Majesté aux satisfactions bien légitimes d'ailleurs qu'éveillent dans le cœur des princes la possession respectée du pouvoir suprême et les acclamations reconnaissantes des peuples. Assise sur le plus beau trône de l'univers, vous savez porter plus haut, Madame, vos pensées et vos aspirations ; vous estimez surtout de la souveraineté le privilège qu'elle donne de faire plus généreusement le bien, et vous aimez à en tempérer l'éclat par la majesté sereine d'une bonté douce et d'une piété bienveillante. En parcourant cette province pacifiquement reconquise et immuablement rendue à la France, vous avez voulu payer un tribut pieux aux restes vénérés du saint évêque dont l'esprit fut si aimable et le cœur si doux et si français. Votre Majesté lui a dit ses vœux de souveraine, d'épouse et de mère. Ces mêmes vœux, Sire, Madame, nous allons les déposer avec Vos Majestés aux pieds de Dieu, dans cette vieille basilique où la voix de François de Salles se fit si souvent entendre, et où il nous semble que sous sa protection bénie, ils seront plus sûrement exaucés. »

L'Empereur répondit à ce discours par quelques paroles pleines de bienveillance, et dit à Monseigneur Ginoulhiac que son premier soin, en arrivant dans une ville, est de se rendre à l'église pour remercier Dieu de la protection qu'il accorde à la France et lui demander de la continuer.

Leurs Majestés pénétrèrent ensuite dans la basilique, des plus richement décorée, et se placèrent sous le dais qui leur avait été préparé. Le chant du *Te Deum* fut ensuite entonné, pendant lequel le clergé placé dans le chœur remarqua avec la plus vive joie, le recueillement de l'Impératrice, adressant au ciel ses prières pour cette belle France, désormais sa patrie adoptive. — Le cortége reprit sa marche après la célébration de l'office divin, et se dirigea vers la Préfecture au bruit de nouvelles acclamations, plus vives et plus énergiques encore. Arrivé à l'entrée de la place Saint-André, l'Empereur fut si visiblement ému des démonstrations publiques qu'il recevait dans ce quartier populeux, qu'il se leva debout dans sa calèche, et salua la foule avec une bienveillance marquée.

Un essaim de jeunes filles vêtues de blanc avec écharpe mauve, appartenant aux familles les plus distinguées du pays, attendaient Leurs Majestés dans le vestibule de la Préfecture. Deux d'entre elles , Mlle Royer , fille de M. le Premier Président, et Mlle Massy , fille de M. le Préfet , furent admises à présenter à S. M. l'Impératrice une corbeille de fleurs d'un goût exquis, en satin blanc relevé d'or, et à lui adresser les paroles suivantes :

« MADAME,

« C'est avec une douce et respectueuse émotion que les jeunes filles de Grenoble viennent déposer aux pieds de leur auguste Souveraine, l'hommage de leur amour et de leur admiration, et lui offrir ces fleurs, symbole de leurs sentiments.

« Toutes, nous avons su de bonne heure qu'avec Votre Majesté se sont assises sur le trône impérial la grâce, la bonté, la bienfaisance.

« Heureuses autant que fières en ce jour , dont nous garderons un précieux souvenir, nous joignons nos acclamations à celles qui accueillent partout Votre Majesté, et c'est du plus profond de nos cœurs que nous prions le ciel de nous faire vivre longtemps sous un sceptre si glorieux et si doux.

« *Vive l'Impératrice.*
« *Vive l'Empereur !*
« *Vive le Prince Impérial !* »

Mlles Francoz, Xavier Jouvin, Moriquand et Calvat,

filles d'honorables fabricants de Grenoble, eurent
ensuite l'honneur d'offrir à l'Impératrice, au nom
du commerce grenoblois, deux corbeilles en satin
blanc et lilas, ornées du chiffre en or de Sa Majesté,
et contenant chacune vingt-cinq douzaines de gants
d'une finesse et d'un travail irréprochables, brodés
d'or et d'argent, « véritable chef-d'œuvre, dit un
journal, de notre principale industrie locale. » Mlle
Francoz, en remettant ces présents à l'Impératrice,
lui adressa le compliment suivant :

« MADAME,

» Rassurées par votre bonté, nous inscrivons parmi
les plus beaux jours de notre vie, celui qui nous
procure le bonheur de jouir de votre présence, et
d'offrir à Votre auguste Majesté un hommage de
la principale industrie de notre ville. Nous ne sépa-
rons pas notre amour pour vous de celui que nous
portons à ce noble enfant que vous élevez pour le
bonheur de la patrie. Nous faisons les vœux les plus
ardents pour la conservation de la famille impériale.

» *Vive l'Impératrice !*
» *Vive l'Empereur !*
» *Vive le Prince Impérial !* »

Sa Majesté était visiblement émue et des marques
de sympathie que lui donnaient en ce moment les
diverses classes de la population grenobloise et de

la grâce charmante avec laquelle ces deux députations se présentaient à Elle. Après avoir embrassé
Mlles Royer et Francoz, Elle leur répondit par quelques paroles pleines de bienveillance qui impression-
nèrent l'auditoire.

Il restait encore la grande réception, la réception
officielle de toutes les députations. Leurs Majestés,
après un instant de repos, se rendirent dans le salon
Grec, décoré pour la circonstance, et où, sur une
estrade, deux magnifiques fauteuils en velours pour-
pre, surmontés d'aigles d'or, avaient été préparés
pour recevoir Leurs Majestés. L'Empereur est en
grand uniforme de général de division. L'Impératrice
est d'une mise charmante et des plus modestes :
robe de soie lilas et blanche, chapeau de paille blanc
et lilas, mantille noire. — Mme la baronne Massy
nomme successivement à S. M. l'Impératrice les
dames admises à l'honneur de lui présenter leurs
hommages. Puis, suivent les autorités militaires et
civiles, enfin les députations des communes, les sociétés, etc., dans l'ordre fixé par le cérémonial.
M. Faugier, président du conseil général, à son tour
de réception, adresse à S. M. l'Empereur le discours
suivant :

« SIRE,

» Le Conseil général de l'Isère, réuni en session,
est heureux d'offrir à Votre Majesté l'hommage de
son dévouement et de sa reconnaissante fidélité.

» Notre Dauphiné, il y a huit ans, fut le premier à vous saluer du cri de *vive l'Empereur !* C'était tout à la fois un souvenir resté fidèle et une ardente espérance. Depuis lors, grâce à Dieu, l'Empire est devenu une grande et splendide réalité.

» Le Dauphiné, Sire, aime les Napoléons comme il aime la gloire. Il se passionne pour tout ce qui fait la grandeur et la prospérité de la France.

» La Savoie voulait redevenir française ; nous l'appelions de nos vœux, l'Empereur nous l'a rendue. Et désormais en contemplant les cîmes majestueuses des Alpes, les habitants de l'Isère surtout, peuvent dire avec joie et orgueil :

» *La France est remontée jusque-là.* »

« MADAME,

» Soyez bénie pour vos gracieuses vertus.

» La dynastie napoléonienne doit sa force et sa puissance au génie, à la sagesse de l'Empereur. Elle doit à l'inépuisable bienfaisance de Votre Majesté, son plus séduisant prestige.

» SIRE,

» MADAME,

» Permettez que, traversant l'espace, notre pensée se porte sur le Prince Impérial : nous demandons à Dieu de lui donner de longs jours. Il est pour Vos Majestés le bonheur le plus doux de la famille. Il est pour tout Français l'espoir le plus cher de l'avenir.

» *Vive l'Empereur !*
» *Vive l'Impératrice !*
» *Vive le Prince impérial !* »

L'Empereur écouta avec la plus grande attention le discours que nous venons de reproduire et remercia M. Faugier des sentiments qu'il lui exprimait au nom du Conseil général. L'Empereur fit aussi connaître qu'il n'avait pas oublié l'accueil qu'il reçut, en 1852, à Grenoble et dans le département de l'Isère, qu'il était très attaché aux populations de ce département et chargea les membres du Conseil général de leur en transmettre l'assurance. Sa Majesté invita ensuite M. le Président à lui présenter nominalement chacun des membres du conseil général.

M. Louis Gautier, président du conseil d'arrondissement de Grenoble, fut aussi admis à prononcer le discours suivant :

» SIRE,

» MADAME,

» Que Vos Majestés daignent me permettre de leur présenter les hommages d'amour, de fidélité et de profonde reconnaissance de l'arrondissement de Grenoble, heureux et empressé entre tous d'acclamer la gloire, la sagesse et les bienfaits de l'Empereur, et de saluer de ses bénédictions les grâces et les bontés souveraines de l'Impératrice.

» Sire,

» Il y a huit ans à peine, nous faisions éclater ici, devant votre Majesté, tous nos sentiments et toutes nos aspirations dans le seul cri de *Vive l'Empereur?* qui était notre cri d'espérance ; nous le répétons aujourd'hui comme un cri d'admiration, de bonheur et de joie, mais nous ne le répetons plus seul, car nous unissons dans le même élan de nos cœurs l'Empereur, l'Impératrice et le Prince impérial. »

A la suite de cette réception, Leurs Majestés cédant aux pressantes instances des flots de populations rassemblées sur la terrasse et dans le jardin de ville, se rendirent au milieu du parterre du jardin de la Préfecture, qu'on avait orné avec une grande élégance. Cette faveur, accordée avec une grâce charmante, électrisa le public et pendant quelques minutes on n'entendit qu'un immense hourra, qu'un puissant cri de Vive l'Empereur, Vive l'Impératrice, Vive le Prince Impérial.

Le dîner que l'Empereur devait donner aux personnes de sa suite et aux principales notabilités du département eut lieu à sept heures du soir, avec un appareil des plus splendides. Leurs Majestés se rendirent ensuite dans l'une des salles du palais de justice pour assister au feu d'artifice qui fut magnifique et digne des illustres Souverains en l'honneur de qui il avait été préparé. Pendant toute cette soirée, la plus belle sans doute de celles dont les Grenoblois conservent le souvenir, la ville entière était littéralement surchargée d'illuminations et tout rappelait l'une de ces magiques nuits chantées par les écrivains orientaux : en se prêtant à l'illusion, on aurait pu se croire à Venise, à Pékin, ou dans le palais de l'Alhambra, un jour de fête nationale.

III.

VISITE AUX ÉTABLISSEMENTS PUBLICS.

La matinée du 6 septembre fut employée par l'Empereur à visiter les casernes de Bonne, les constructions de l'école d'artillerie, les terrains acquis pour la construction du nouvel hôtel de préfecture, ceux qui sont proposés pour la construction de l'hôtel de la division militaire, les travaux commencés sur l'emplacement consacré aux nouvelles casernes d'artillerie, la bibliothèque et le musée de la ville de Grenoble. — L'Impératrice, de son côté, accompagnée de deux dames d'honneur et de M. le marquis de Lagrange, son écuyer, se rendit à dix heures, à la salle d'asile de Saint-Laurent, dirigée avec tant de dévouement par Mlles Kœnig. — Leurs Majestés ont laissé des marques de leur munificence dans tous les établissements qu'Elles ont daigné visiter. — A la bibliothèque et au musée, l'Empereur et l'Impératrice ont examiné avec beaucoup d'attention les manuscrits les plus précieux, les tableaux des maîtres les plus illustres, et ont exprimé sur chacune des œuvres qui frappaient leur attention des opinions qui attestent chez Leurs Majestés un goût prononcé pour les nobles aspirations du génie. L'Empereur s'est fait rendre compte pendant cette visite du nombre, de la valeur et de l'importance des inscriptions romaines conservées à Grenoble.

IV.

REVUE AU POLYGONE.

C'est au Polygone, à la revue des troupes et des populations venues pour l'acclamer, que l'Empereur put juger des sentiments des Dauphinois pour son auguste personne. Ce n'était plus la reconnaissance qui faisait retentir l'air de ses plus chaudes paroles; cette fois, c'était un peuple en délire, poussant avec rugissement un de ces cris qui font trembler les nations. A leur arrivée, comme à leur départ du Polygone, l'Empereur et l'Impératrice furent accueillis par des acclamations qui, malgré l'énorme distance, s'entendaient même au-delà du quai Perrière.

M. le général Bourbaki et l'état-major de la division attendaient, à l'entrée du Polygone, S. M. l'Empereur, qui avait peine à se frayer un passage au milieu des groupes de populations massées sur le cours Saint-André, le cours Berriat et le nouveau chemin militaire. — D'aussi loin que la vue pouvait porter on n'apercevait que des drapeaux, des bannières formant, avec les troupes et les sapeurs-pompiers, au nombre d'environ 4,000 (1), l'encadrement de l'immense plaine sur laquelle devaient se faire les évolutions militaires. L'Empereur arriva au Polygone à deux heures et demie : il était à cheval, en grand costume de général de division, et accompagné de M. le Maréchal Castellane, de M. le Préfet de l'Isère, des généraux Lebœuf, de Frossard et Fleury, et d'un brillant état-major. En ce moment les tambours battent aux champs, le clairon résonne et l'Empereur, visiblement ému par l'imposant spectacle de ces masses de populations qui l'acclament, salue avec sa bienveillance ordinaire et parcourt, au pas, les lignes formées par l'armée, la garde nationale, les vétérans de l'Empire et les députations des communes et des sociétés. L'Impératrice paraît quelques minutes après, en voiture découverte, et la vue de la gracieuse souveraine qui préside aux destinées de la France renouvelle les acclamations et les transports de joie de ces 100,000 cœurs, tous dévoués au régime impérial.

---

(1) Un campement composé de plus de 100 tentes avait été préparé sur la place d'Armes, par les soins de M. Vendre, capitaine-commandant la compagnie des sapeurs-pompiers de Grenoble, pour recevoir les compagnies de sapeurs-pompiers du département venues à Grenoble à l'occasion du passage de Leurs Majestés.

La revue terminée, l'Empereur et l'Impératrice se réunirent avec les hauts dignitaires qui les accompagnaient, au milieu du carré formé par les troupes, où un magnifique trophée, composé d'armes de gros calibre, avait été dressé. L'Empereur profita de ce moment pour remettre plusieurs décorations militaires et immédiatement après, le défilé des troupes et des députations commença (1). — Le soir il y eut dîner dans les salons de la Préfecture.

V.

BAL OFFERT A LEURS MAJESTÉS.

Il serait impossible de décrire l'aspect que présentait Grenoble dans la soirée du 6 septembre. Les efforts des habitants et de la municipalité semblaient s'être réunis pour rendre hommage avec plus d'éclat que la veille à LL. MM. Impériales. Pas une fenêtre n'était sans lampions, pas une maison n'était sans drapeaux, sans girandoles. Les quais eux-mêmes,

---

(1) Nous avons entendu répéter à Grenoble un mot charmant du général Bourbaky. A la revue du Polygone, peu de temps avant l'arrivée de Leurs Majestés, les soldats avaient peine à contenir la foule qui toujours avançait. Le général Bourbaky, après avoir donné l'ordre de rétablir les lignes, se dirige vers le point le plus menacé, et, s'adressant à la foule : « Allons, mes amis, dit-il, reculez. Nous ne sommes pas aujourd'hui sur un champ de bataille, devant l'ennemi. » Dans un salon on eût applaudi le sprituel général ; au Polygone on se contenta de lui obéir.

malgré leur étendue, étaient surchargés de guirlandes de lumières, d'aigles aux ailes de feu, de lignes de lampions et de verres de couleur. Mais ce qui surtout attirait les regards de la foule, c'était la brillante illumination du Jardin-de-Ville et du parterre de la préfecture. Les arbres s'y trouvaient reliés entre eux par des milliers de feux colorés et par des lustres formés en verres de couleur; du milieu des massifs de fleurs se détachaient des luminaires offrant le plus pittoresque effet; des fontaines jaillissantes, des berceaux de verdure, des aigles aux ailes éployées, des drapeaux avec les initiales de Leurs Majestés, le tout en verres multicolores, complétaient l'ornementation de ces lieux vraiment-féeriques. Puis, dans le lointain, sur le revers et au sommet des montagnes les plus élevées et les plus éloignées, apparaissaient d'immenses feux de joie allumés par les habitants de ces régions alpestres. Ces feux se continuaient jusque sur le Saint-Eynard, les monts de Saint-Nizier, les cimes de Chanrousse et dans toute l'étendue de la ligne traversée par Napoléon 1er en 1815.

Lorsque Leurs Majestés se rendirent au bal, tout Grenoble était resplendissant de lumières.

« L'entrée de la salle de bal réservée à Leurs Majestés était protégée par une vaste marquise, qui s'avançait sur la place de la Halle, en face de la voûte des Jacobins. Elle donnait accès dans une antichambre tendue de coutil rayé et festonné. Immédiatement après se trouvait la salle de service des

cent-gardes, laquelle conduisait dans le salon de
l'Empereur, d'où l'on pouvait descendre sur l'estrade
construite pour la Cour dans la salle de bal. Le salon
de l'Empereur était tendu de damas vert, garni de
meubles de même étoffe et de glaces. Un second et
vaste salon en damas rouge, séparait celui de l'Empereur du boudoir de l'Impératrice, qui était éclairé
d'un magnifique lustre et tendu de draperies gris-
perle à rayures, parsemées de bouquets et de boutons
de roses. La salle de rafraîchissements de la Cour
représentait un bosquet de verdure et se trouvait
séparée du grand salon de l'Empereur par la salle
de service des cent-gardes. La tenture en était verte,
surmontée d'un grillage de baguettes d'or, d'où sor-
taient des fleurs et de la verdure. Une table somptueu-
sement servie, éclairée d'un élégant lustre, était
dressée au milieu.

« A l'intérieur de la salle, l'estrade sur laquelle
était placé le trône de Leurs Majestés était tendue
de velours cramoisi, et ornée, de chaque côté, de
grandes glaces avec des portières de même velours
frangé d'or. Au-dessus de l'estrade et du salon
d'honneur, on voyait les armes impériales enlacées
dans un faisceau de drapeaux. A l'autre extrémité
de la salle, du côté la rue Lafayette, les armes de la
ville de Grenoble, trois roses rouges sur champ d'argent surmontées d'une tour également disposée dans
un faisceau de drapeaux, dominaient l'orchestre
placé à la hauteur d'un second étage et composé de

cinquante musiciens. Au-dessous de l'orchestre, tout le fond de la salle était garni de glaces encadrées, comme l'estrade impériale, de portières de velours cramoisi, avec franges et embrasses d'or. A droite et à gauche de la salle, les murs étaient revêtus de mousseline blanche à laquelle une sous-draperie rouge prêtait un reflet rose, et bordée près du plafond de bandes de velours parsemées d'abeilles d'or et des chiffres couronnés de Leurs Majestés. Dix grandes glaces étaient également posées sur cette tenture de chaque côté de la salle. Le plafond était formé d'une voûte à trois pans, dont les frises bleues et oranges descendaient sur une mosaïque or, bleue et orange et venaient rejoindre la bordure de velours. Cinquante lustres dorés à plus de trente branches chacun projetaient dans la salle, autour de laquelle s'étendaient en gradins quatre rangées de banquettes élégamment revêtues d'étoffe, des flots de lumière éblouissants.

« Un immense couloir, parallèle à la salle de bal, était consacré à la circulation des invités. Les murs en étaient garnis de guirlandes de buis et de fleurs rattachées de distance en distance par des oriflammes bleues, vertes et rouges parsemées d'étoiles d'or. Les pleins de chaque voûte étaient ornés des initiales couronnées de Leurs Majestés. De ce couloir on parvenait au buffet des invités par des portiques tendus de bleu. Le buffet était disposé tout autour de la cour intérieure du bâtiment des Facultés, dont les acacias, éclairés *à giorno*, produisaient un effet merveilleux. A droite du buffet et du couloir dont nous venons de parler se trouvait l'entrée des invités, dans la rue Lafayette, où ils étaient reçus dans une vaste antichambre par les commissaires du bal.

« A huit heures précises, les portes de la salle se sont ouvertes et la foule a commencé à y pénétrer. La salle n'a pas tardé à être comble. Il serait difficile de retracer exactement le coup d'œil admirable que présentait cette brillante réunion. Cinq à six cents femmes, revêtues de toilettes d'un goût charmant, d'un luxe somptueux et d'une variété extraordinaire, garnissaient sur quatre rangs tout le pourtour de la salle jusqu'à l'estrade de la Cour. Le milieu était occupé par une masse compacte d'hommes dont un grand nombre en costumes officiels. La profusion des bougies inondait de lumières tout cet ensemble et faisait ressortir d'une manière étonnante les tons et l'éclat des toilettes, que les grandes glaces posées aux deux extrémités de la salle réflétaient et répétaient à l'infini. *(Courrier de l'Isère.)* »

Leurs Majestés firent leur entrée dans la salle de bal à dix heures un quart. L'Empereur portait le grand cordon de la Légion d'honneur, l'Impératrice une robe de soie rose recouverte de tulle, rattachée sur la jupe par des bouquets de lilas; une rivière étincelante d'émeraudes entourée de diamants et un diadème de diamants et d'émeraudes. Le quadrille d'honneur fut peu de temps après commencé. L'Empereur conduisait Mme Emile Gaillard, belle-fille de M. le Maire de Grenoble, et l'Impératrice avait daigné accepter la main de M. le général Bourbaki. Les autres personnes figurant dans ce quadrille sont :

M. le général Lebœuf, avec Mme la baronne Massy; M. le général de Frossard et Mme Bourbaki; M. le Préfet de l'Isère et Mme la baronne de Sancy; M. le Maire de Grenoble et Mme la comtesse de la Poëse; M. le Premier Président et Mme la comtesse de Renneval; M. le général Le Preud'homme de Fontenoy et Mlle Royer; M. le vicomte de Barral, sénateur, et Mme Bérard, femme de M. le Receveur général de l'Isère; M. Faugier, président du conseil général de l'Isère, et Mme la comtesse Le Preud'homme de Fontenoy.

Leurs Majestés n'ont quitté la salle de bal qu'à onze heures et demie, au bruit des plus unanimes applaudissements. Leur retour à la préfecture n'a été qu'une continuelle ovation, dont Elles ont dû garder un profond souvenir.

VI.

DÉPART DE LEURS MAJESTÉS.

L'administration du chemin de fer du Dauphiné avait fait décorer la gare de Grenoble avec autant de luxe que de bon goût. La longue avenue qui y conduit avait été garnie de chaque côté par de nombreux mâts vénitiens, reliés entre eux par des guirlandes de verdure et surmontés de faisceaux de drapeaux.

Ainsi qu'Elles l'avaient annoncé, Leurs Majestés sont arrivées à la gare de Grenoble à neuf heures précises. M. le duc de Valmy, président du conseil d'administration des chemins de fer du Dauphiné, les y attendait, ainsi que les hauts dignitaires de la ville et du département. Leurs Majestés, après s'être entretenu un instant avec quelques personnes, sont montées en wagon, au bruit d'unamines applaudissements, emportant avec Elles l'amour et la reconnaissance du peuple dauphinois. Chacun réunissait dans une même affection l'Empereur, l'Impératrice et le Prince impérial.

VII.

DE GRENOBLE A SAINT-RAMBERT.

Dans le trajet que Leurs Majestés devaient parcourir entre Grenoble et Saint-Rambert, pour reprendre la ligne de la Méditerranée, les gares se trouvaient ornées, à chaque station, d'aigles, de drapeaux, de guirlandes de verdure. « (1) » (*Monit. du 8 septemb.*)

A Voiron, ville essentiellement industrielle, Leurs

---

(1) A Voiron, à Rives, à la Côte-Saint-André, où les attendaient tous les ouvriers et les populations des campagnes, Leurs Majestés, à leur grand regret, n'ont pu s'arrêter que quelques instants.

Majestés ont trouvé à la gare des flots de populations venues de loin pour les acclamer. Sur un kilomètre de longueur, on n'apercevait que des députations ayant à leur tête les riches banières de plus de 150 corporations. La gare, tendue et drapée de velours cramoisi, à crépines et à glands d'or, était occupée par cent jeunes filles en robe de mousseline, par plusieurs centaines de dames très élégamment parées, et par le clergé, les fonctionnaires, les notables et les principaux industriels de Voiron et des environs. S. M. l'Impératrice a daigné accepter un splendide bouquet que lui a offert une députation de jeunes filles. Leurs Majestés ont laissé à Voiron, comme partout ailleurs, des marques de leur munificence.

A Rives, l'administration du chemin de fer, d'accord avec l'administration municipale, n'avait reculé devant aucune dépense pour satisfaire le légitime orgueil des habitants de ces contrées, qui, animés du plus ardent désir d'acclamer Leurs Majestés, s'y étaient portés en masse, avec un frénétique enthousiasme. On se ferait difficilement une idée du nombre de personnes réunies à Rives dans la matinée du 7 septembre. Les chefs d'établissements avaient envoyé leurs ouvriers avec de jolies bannières; les communes environnantes, leurs compagnies de sapeurs-pompiers et leurs députations.

A son passage à Rives, l'Empereur remit à M. Kléber, manufacturier, la décoration de la Légion d'honneur, en prononçant ces paroles dignes d'être gravées dans le livre de famille de celui qui en fut l'objet : « Je suis heureux, Monsieur, de vous remet- » tre moi-même cette décoration, vous l'avez bien » méritée. » — A Saint-Étienne-de-Saint-Geoirs, un arc de triomphe et une immense estrade décorée de nombreux drapeaux, d'inscriptions, etc., avaient été élevés aux abords de la gare par les soins de l'admi- nistration municipale et de ceux de M. Joly, indus- triel de la commune de Saint-Geoirs.

A la Côte-Saint-André, où une foule imposante s'était jointe aux autorités, au clergé, à la compa- gnie des sapeurs-pompiers de la ville et aux députa- tions des communes voisines, la gare avait été riche- ment décorée, et une députation de jeunes filles vêtues de blanc et portant en sautoir une écharpe mauve, offrit à l'Impératrice un bouquet que Sa Ma- jesté voulut bien accepter. L'Impératrice a remis, comme souvenir de son passage, à Mlle Prud'homme, fille de M. le Maire de la Côte-Saint-André, un écrin renfermant une broche et des boucles d'oreilles. L'Empereur, de son côté, a chargé M. le Maire de la Côte de distribuer en son nom une somme de 500 fr. aux pauvres de la localité.

De la Côte, le train impérial s'est dirigé sur Saint-Rambert pour ne plus s'arrêter qu'à Valence, où là aussi, les attendaient des ovations sans nom- bre.

VIII.

Leurs Majestés impériales ont laissé dans le Dauphiné des souvenirs impérissables de leur munificence (1).

Pendant son séjour à Grenoble, l'Empereur a décidé que cette ville ne contribuerait que pour un tiers dans les travaux des quais Saint-Laurent et du Bœuf, expropriation comprise, et que, dans les mêmes conditions, un pont de pierre serait substitué au pont suspendu, et ce dernier transporté en amont pour établir la communication avec l'Ile-Verte. Sa Majesté a de plus affecté une somme de 200,000 francs, pour la construction d'un musée de peinture et disposé d'une somme de 20,000 francs pour les pauvres de la ville de Grenoble. Enfin, Sa Majesté a bien voulu donner sa pleine approbation au système d'allègement des dettes des syndicats qui lui était soumis et a promis que l'État contribuerait dans une certaine proportion au paiement des intérêts de la somme empruntée par ces syndicats pour faire face à leurs besoins. — Mais ce qui surtout doit réjouir le cœur des Dauphinois et des honorables magistrats qui ont présidé aux cérémonies, c'est la satisfaction que Leurs Majestés n'ont cessé d'exprimer pour leur

---

(1) En Savoie, les travaux ordonnés par l'Empereur pendant son voyage, représentent, assure-t-on, une valeur de 20 millions de francs.

réception dans cette *bonne ville* de Grenoble, l'une des plus patriotiques de France et des plus dévouées au régime impérial. Un jour, sans doute, l'histoire inscrira sur ses tablettes les mémorables lignes suivantes, que le *Moniteur officiel* de l'Empire français a consacrées au récit de la journée du 5 septembre à Grenoble et qui sont l'expression de la pensée de l'Empereur :

» En traversant le beau département de l'Isère, ce pays du patriotisme et des dévouements traditionnels à la dynastie Napoléonienne, Leurs Majestés ont trouvé l'accueil le plus enthousiaste.

» Pendant quatre heures (de Chambéry à Grenoble), les augustes voyageurs ont passé entre une double haie de populations acclamant leurs Souverains. Chaque village avait son arc de triomphe, chaque rue ne formait plus qu'un berceau de verdure. »

IX.

Il ne nous reste qu'un mot à dire sur le voyage de Leurs Majestés dans le département de l'Isère. La vapeur vient de les emporter à toute vitesse dans ces riches provinces du midi, où elles vont recueillir une nouvelle moisson de lauriers et d'applaudissements. Bientôt le sol africain les verra paraître aussi, et là, comme dans la mère patrie, les télégrammes nous apporteront chaque jour le récit des pérégrinations de nos augustes Souverains dans cette colonie désormais liée à toutes nos destinées.

L'Empereur, pendant son séjour à Grenoble, a décrété plusieurs promotions et nominations dans l'Ordre impérial de la Légion-d'Honneur, tant civiles que militaires.

Voici la liste des nominations dans l'ordre civil :

Officiers :

M. Bonafous, procureur général près la Cour impériale de Grenoble ;

M. Quet, recteur de l'académie de Grenoble ;

M. Berthier, ingénieur en chef des ponts et chaussées à Grenoble ;

M. le duc de Valmy, président du conseil d'administration des chemins de fer du Dauphiné ;

M. Bizannet, officier en retraite.

Chevaliers :

M. Gaillard, maire de la ville de Grenoble ;

M. Fiéreck, conseiller à la cour impériale ;

M. Durand-l'aîné, conseiller de préfecture ;

M. Pravaz, maire du Pont-de-Beauvoisin ;

M. Kléber, maire de Rives ;

M. Gentil, ingénieur des ponts et chaussées ;

M. L'abbé Orcel, vicaire général ;

M. L'abbé Chambon, vicaire général ;

M. L'abbé Gerin, curé de Saint-André de Grenoble;

M. Macé, professeur à la Faculté des lettres;

M. Charvet (Alexandre), professeur à l'école de médecine;

M. Michoudet, directeur des domaines;

M. Lefebvre, directeur des contributions directes;

M. Thévenin, conservateur des eaux et forêts;

M. Delafond, inspecteur des eaux et forêts, en retraite, à Gap;

M. Gentil, président du tribunal civil de Vienne;

M. Mansion, directeur des postes à Grenoble;

M. Picard, chef du mouvement aux chemins de fer du Dauphiné;

M. L'abbé Depéry, secrétaire de Mgr l'évêque de Gap, ancien aumônier de l'armée d'Italie;

M. Bellegarde, maire d'Embrun;

M. Le docteur Niepce, médecin inspecteur des eaux d'Allevard.

Nominations dans l'Ordre impérial de la Légion-d'Honneur faites par Sa Majesté l'Empereur lors de son voyage dans la 22e division militaire.

Grand-officier.

M. Bourbaki, général de division.

Commandeur.

M. Jaillet de Saint-Cergues , général de division (savoisien).

Officiers.

M. Dubois, chef d'escadron de gendarmerie ;
M. Fenin (de), Id. ;
M. Rossi, sous-intendant militaire ;
M. Pochet, chef d'escadron d'artillerie ;
M. Chambeyron, Id. ;
M. Boyer, lieutenant-colonel au 79e ;
M. Châble, chef de bataillon. Id. ;
M. Dougados, major au 95e.

Chevaliers.

M. Vesco, capitaine de gendarmerie ;
M. Cartry, Id. ;
M. Landraud, lieutenant, Id. ;
M. Lefilliâtre, garde d'artillerie ;
M. Panot, eapitaine au 5e d'artillerie ;
M. Robio, Id. ;
M. Rey, médecin major au 16e d'artillerie ;
M. Coffin, adjudant au 5e Id. ;
M. Armand, adjudant au 16e Id. ;
M. Picolet, lieutenant-colonel du génie (savoisien);
M. Pélissier-Tanon, capitaine du génie ;

M. Veysseyre, garde du génie ;

M. Harmand, Id. ;

M. Folliasson, Id. ;

M. Roure, sergent, portier-consigne ;

M. Gillan, lieutenant au 12e bataillon de chasseurs ;

M. Brême (de), capitaine adjudant-major au 54 ;

M. Mazoudier, capitaine, Id. ;

M. Gaffory, capitaine au 79e ;

M. Bon, Id. ;

M. Morel, capitaine au 95e de ligne ;

M. Lapeyre, capitaine, Id. ;

M. Duverger, chef d'escadron au 6e dragons (savoisien).

Médaille militaire.

M. Grave, maréchal des logis de gendarmerie (26e légion) ;

M. Allemand, brigadier, Id. ;

M. Erard, Id. ;

M. Palasine, Id. ;

M. Gagneur, Id. ;

M. Rambaud, maréchal des logis chef, Id. ;

M. Mollard, Id. ;

M. Perrier, gendarme ;

M. Bruchet, Id. ;

M. Rey, Id. ;

M. Pibrac, adjudant au 16e d'artillerie ;

M. Fournier, trompette, au 16e d'artillerie ;

M. Zœller, artificier, Id.;

M. Bélicard, maréchal des logis, Id.;

M. Villemé, canonnier, Id.;

M. Brillant, maréchal des logis, Id.;

M. Perrein, maréchal des logis au 5e d'artillerie;

M. Diétrich, adjudant, Id.;

M. Dubois, musicien, Id.;

M. Guy, cavalier au 5e escadron du train d'artillerie ;

M. Cléver, adjudant sous-officier, Id.;

M. Barjoin, sergent au 1er bataillon de chasseurs;

M. Couvert, sergent au 3e bataillon;

M. Jeandet, chasseur au 14e bataillon ;

M. Couriaut, fourrier au 12e bataillon ;

M. Aurelli, sergent au 12e bataillon ;

M. Labeille, sergent au 54e de ligne ;

M. Friedensburg, fourrier, Id.;

M. Ollastres, sapeur, Id.;

M. Sisung, sergent-major, Id.;

M. Baudou, sergent au 59e;

M. Durosc, fourrier au 95e;

M. Dumestre, sergent, Id.;

M. Vernet, sapeur, Id.;

M. Bellegarde, sergent-major, Id.;

M. Hotot, portier-consigne à Grenoble;

M. Balardelle, sergent-major au 79e;

M. Dartigueloube, clairon, Id.;

M. Marty, sergent, Id.;

M. Bois-Martel, caporal-tambour, au 79e;

M. Cazemajou, sergent-infirmier.

Trait de piété de l'Impératrice Eugénie.

Jeudi matin, le lendemain de l'arrivée de l'Empereur à Grenoble, au moment où l'horloge de Saint-André sonnait huit heures, une jeune femme d'un extérieur simple et modeste, coiffée d'un chapeau rond que protégeait un voile vert, est descendue précipitamment par l'escalier intérieur de la préfecture. Arrivée sur le seuil du passage de l'Hôtel-de-Ville, elle a regardé timidement devant elle comme hésitant sur le chemin qu'elle devait suivre, puis prénant sa résolution elle a disparu sous le passage qui conduit à l'église par la petite rue Derrière Saint-André. Là elle est entrée, a sorti un livre d'heures et s'agenouillant pieusement au milieu de quelques personnes, elle a entendu, dans le plus profond recueillement, une messe basse qui venait de commencer. L'office divin terminé, elle a fait le signe de la croix, s'est levée, puis elle a disparu. Elle a parcouru ensuite rapidement diverses rues du même quartier, et est rentrée à la préfecture par l'escalier d'où on l'avait vue descendre une demi-heure auparavant.

Cette jeune femme qui sortait à cette heure matinale pour aller prier Dieu avec tant de piété et de recueillement, qui s'abandonnait seule avec tant de confiance au milieu d'une population et d'une ville qu'elle paraissait connaître à peine, cette femme, nos lecteurs l'ont deviné, était l'impératrice Eugénie.

(Courrier de l'Isère.)

HYMNE

A Sa Majesté l'Empereur NAPOLÉON III.

Pourquoi ces chants joyeux, ces hymnes de victoire?
C'est que NAPOLÉON apparaît en ces lieux
Et, bien qu'il soit couvert de grandeur et de gloire,
Il daigne avec bonté jeter sur nous les yeux.

Par les chemins poudreux la foule chante et passe,
D'un plaisir infini chacun est enivré,
Et l'on entend partout retentir dans l'espace
Le nom victorieux d'un Monarque adoré.

Des millions de voix te choisissaient naguère,
Sachant, d'après ton nom, quels seraient tes exploits.
Aussi grand dans la paix que vaillant dans la guerre,
Laisse-nous te bénir, ô NAPOLÉON TROIS !

Si tu vois qu'à tes pieds le peuple tourbillonne,
T'apportant son amour comme un tribut sacré,
C'est qu'autour de ton front un beau nimbe rayonne,
Que l'Italie est libre après avoir pleuré.

Auprès de son époux, la noble IMPÉRATRICE ,
Recueille avec bonheur ces triomphes divers.
A son divin souris que la Muse applaudisse,
Chantant la grâce unie aux lauriers toujours verts.

Si d'un nouvel amour frémit son cœur de mère,
C'est qu'aujourd'hui la France a de nouveaux enfants,
Qui prennent l'EMPEREUR pour Monarque et pour père,
Et qui jettent vers lui leurs concerts triomphants.

O France ! ô mon pays ! terre sainte et sublime,
Vers qui les opprimés étendent tous la main !
Contemple avec amour l'EMPEREUR magnanime
Que Dieu donne pour guide à tout le genre humain !

JOSEPH BEUF.

Grenoble, le 1er septembre 1860.